AF227070

RAPPORT

LU À LA SOCIÉTÉ LITTÉRAIRE DE LYON

AU SUJET DE LA

CANDIDATURE DE M. LÉON GONTIER

BIBLIOTHÈQUE IMPÉRIALE — IMPR.

RAPPORT

LU A LA SOCIÉTÉ LITTÉRAIRE DE LYON

AU SUJET

DE LA

CANDIDATURE DE M. LÉON GONTIER

PAR

M. AIMÉ VINGTRINIER

LYON

IMPRIMERIE D'AIMÉ VINGTRINIER

Rue de la Belle-Cordière, 14.

—

1867

RAPPORT

LU A LA SOCIÉTÉ LITTÉRAIRE DE LYON

AU SUJET DE LA

CANDIDATURE DE M. LÉON GONTIER

Il est des esprits si heureusement doués que rien ne les arrête dans leurs aspirations vers l'infini. Les soins de la vie, le poids du travail matériel, l'engourdissement d'un voisinage anti-littéraire, rien ne les empêche de s'élancer à leur heure vers les régions de la philosophie, de la pensée et de la poésie. Comme ces nobles oiseaux qui nagent sur les fleuves et sur les lacs et qui, après avoir demandé leur nourriture aux profondeurs de eaux, montent d'un vol vigoureux au-dessus des nuages, on les voit quitter tout-à coup les enchevêtrements de la terre, piquer dans le ciel et se réfugier dans les régions heureuses fréquentées par ces grands génies qui n'ont d'autre mission que d'éclairer , instruire ou amuser le monde.

Qu'un écrivain de profession , qu'un littérateur par état fasse des volumes et au milieu des encouragements de toutes sortes, recueillé fortune et succès, je n'y vois rien d'étonnant. Qu'il se présente devant une Société savante et qu'il demande à s'asseoir au milieu des poètes et des érudits qui la composent , cela est si naturel, il use d'un droit si reconnu, que dix-neuf fois sur vingt, le candidat est acclamé, loué et même remercié à l'unanimité. Mais qu'un homme habite un de ces modestes villages où lui manque tout encouragement intellectuel, que maître des secrets des familles, chargé des graves et sacrés intérêts de tous , courbé toute la journée sur les dossiers de ses clients, regardant le notariat comme un sacerdoce , il ait encore à la fin du jour la force d'étudier les maîtres de la littérature, le désir de les imiter et assez d'imagination créatrice pour se mesurer avec eux ; qu'il ait le courage de repousser les ravissantes séductions de la promenade à travers champs, alors que le soleil se couche, que la nature est en fleurs et que l'odeur des forêts enivre; qu'il laisse reposer son fidèle compagnon de chasse quand la caille court dans les sillons, que la perdrix rappelle à la lisière du bois et que la grive vous brave dans son vol rapide en faisant entendre son petit cri moqueur ; qu'il délaisse les invitations du voisinage, la causerie avec des amis ou simplement le doux *farniente* au foyer domestique pour suivre le mouvement des esprits, agrandir ses idées ou produire des travaux littéraires élégants et remarquables, voilà ce que je trouve sérieusement beau, ce que je loue, ce que j'admire, et c'est pourquoi, Messieurs, je viens solliciter, en faveur de M. Léon Gontier, le titre de membre correspondant de notre Société.

Fixé à Pont-Chérui, près de Crémieu, à l'entrée de ce beau Dauphiné qui offre tant de séductions, M. Gontier, notaire, consacre tous ses loisirs aux plus nobles travaux de l'intelligence. Comme tout le monde, il a aimé et cultivé l'archéologie et, en 1857, il a publié à Valence une *Notice sur Saint-Donat* (Drôme), petit volume où la science s'est parée des ornements du style et n'a pas craint de faire un peu de toilette, comme il convient à une histoire présentée par un poète. La *Notice sur Saint-Donat* est un abrégé des chroniques du Dauphiné, car on y suit, à propos des annales de cette petite cité, les temps gaulois et romains, le moyen-âge et enfin l'époque présente ; on y retrouve la trace des invasions barbares, les croisades et les guerres si sanglantes des catholiques et des protestants. Beaucoup de faits, des dates, des citations, des anecdotes et quelques légendes locales font de ces 114 pages un travail aussi instructif qu'intéressant.

Mais le penchant vrai de M. Gontier, ce qui le distingue de la foule des hommes de chiffres et d'af-

faires, c'est son goût, disons mieux, son talent pour
la poésie. Ce qui, d'un autre côté, le distingue des
poètes, c'est sa modestie qui l'a détourné jusqu'ici
de réunir ses travaux en recueil et qui l'a porté à
m'écrire « qu'il m'envoyait tous les journaux qu'il
avait pu conserver , seule collection d'œuvres sans
importance. » J'ai lu toutes ces feuilles, Messieurs,
et j'ai été sous le charme. Ces poésies traitent tous
les sujets, prennent tous les tons, tous les rhythmes
et tous les genres. Voici une pièce qui ferait
lever les épaules aux adeptes de certaine école ,
mais que vous applaudirez, Messieurs, car c'est un
hommage à cette antiquité si méconnue, si oubliée
aujourd'hui. Elle est intitulée : *Apollon*. Je l'em-
prunte à la *Muse des familles*, recueil auquel
M. Chervin avait su donner une sérieuse importance :

APOLLON.

I.

Apollon, dieu du jour et de la poésie,
A quitté sa retraite, entre toutes choisie,
Delphe, où jadis parlait l'oracle de Daphné.
Il fuit ces bords déserts, son temple abandonné!
Des nymphes de Délos il regrette les charmes ;
Sur les Muses, hélas! le dieu verse des larmes,
Car ses filles n'ont plus d'encens pour leurs autels ;

Crésus et Marsyas règnent sur les mortels!...
Il va ! — L'écho d'Hémus, de Smyrne et de Riphée,
Veuf du divin Homère et veuf aussi d'Orphée,
Ne fait plus retentir dans l'épaisseur des bois
Les sons harmonieux de la lyre aux sept voix.
Sous les pins de l'Ida, les nymphes bocagères
Ne forment plus les nœuds de leurs danses légères ;
Amphion ne rend plus que des vers gémissants ;
Pan lui-même a brisé ses roseaux impuissants !
Et Phœbus, irrité, poursuit sa course errante.
Il a vu de Tempé la vallée odorante,
Et sur l'Hébrus neigeux tristement s'est assis,
Sans trouver le repos pour ses jours obscurcis.

« O monts Thessaliens, que ma flûte sonore
« Enchantait autrefois, que ne vous vois-je encore ?
« La paix et le bonheur habitaient ces beaux lieux,
« J'avais presque oublié mon rang parmi les dieux.
« Souvent, aux doux accords de ma lyre d'ivoire,
« Les bergers accouraient, suspendant leur histoire,
« Et le vent du feuillage, heureux de mes accents,
« Égarait, loin de nous, ses soupirs frémissants.
« Je vous fuis, maintenant, retraites désolées,
« Dieu vainqueur de Python, je vous fuis ; ô vallées,
« Montagnes et forêts, vous ne m'entendrez plus
« Vous redire mes vers désormais superflus !
« Je vais chercher ailleurs la terre hospitalière,
« La nouvelle Sicos aux Muses familière,

« Où du triste abandon je ne me plaindrai pas...
« Mais, en quittant ces lieux, où donc porter mes pas ? »

Et le fils de Latone, inquiet, se lamente.
Il a vu l'Ilissus et les bords d'Erymante ;
Au tombeau de Virgile il est venu s'asseoir ;
Hélas ! aucune main ne tenait l'encensoir !

II.

Mais voilà que, du sein d'une contrée antique,
Où le rhéteur encore, errant sous le Portique,
De disciples nombreux se voit environné,
Comme autrefois Platon, de gloire couronné,
Lyon, noble cité, des beaux-arts amoureuse,
Ville que le Destin bâtit pour être heureuse,
Il entendit soudain s'élever une voix,
Douce comme le son du cor au fond des bois,
Ou le chant du pêcheur que la barque promène
De Naple à Portici, de Sorrente à Misène ;
Et la voix, s'inspirant des vierges du vallon,
Chantait cet hymne saint à Phœbus Apollon :

    Je suis la *Muse des Familles*
    Éclose un matin de printemps,
    Comme un vert bouton des charmilles
    Qui s'ouvre à l'abri des autans !

Je suis la douce messagère
De tes enfants à leur essor,
Et c'est, dans leur course légère,
Moi qui garde ton trépied d'or !

Comme la diligente abeille
De parfums compose son miel,
De fleurs je remplis ma corbeille,
Fraîches des sourires du ciel.
Le front couronné de verveine,
De tamarin et de lauriers,
Je vais, consolante et sereine,
M'asseoir près de tous les foyers !

Je suis le temple où chaque Muse
Apporte son tribut d'amour.
Aucun poète ne refuse
De célébrer le Dieu du jour ;
Si la gloire fut le partage
Des grands, parmi tous tes élus,
J'ai ma part dans leur héritage,
Car à moi leurs fils sont venus.

Ici, la plaintive Élégie
Pleure ses douleurs, et, plus loin,
L'Ode chante, austère vigie,
Les hauts faits dont elle est témoin.
Là, frondeuse et nous faisant rire,

De son aiguillon punisseur,
Gronde la piquante Satire,
Auprès de l'Épitre, sa sœur.

Là, d'un enfant c'est la prière
Au Dieu que tu ne connais pas;
Près d'un berceau la jeune mère
Chante, prie et parle tout bas.
Comme ces illustres poètes
Dont tu dictas les nobles vers,
« *J'ai des chants pour toutes les fêtes,*
« *Des larmes pour tous les revers.* »

C'est ainsi qu'avec assurance
Sous ton égide je parcours
Les sentiers où naît l'Espérance,
Et je recommence mon cours!
A ma voix la troupe fidèle
Revient, joyeuse, sur mes pas,
La Poésie est toujours belle,
Elle s'endort, mais ne meurt pas!

. . . .

III.

Et Phœbus, enivré d'ineffables douceurs,
Remonta vers l'Olympe, au milieu des neuf sœurs!

Voici une pièce sur un ton plus doux et plus in-
time. Elle suffira pour vous faire connaître la char-
mante souplesse du talent de M. Gontier.

LE GRILLON.

Chante, petit grillon,
Chante, voici ton heure ;
J'aime, dans ma demeure,
Ton triste carillon !

Pauvre insecte du soir,
Quelle est ta destinée !
Tu passes ta journée
Au fond d'un grand trou noir.

Pour toi, point de soleil,
Pour toi, point de rosée,
Point de fleur arrosée
Par les anges du ciel.

Le Dieu qui, le matin,
En ouvrant sa corbeille,
Donne à ta sœur l'abeille,
Ne t'offre aucun butin.

Jamais les doux zéphyrs
Ne caressent ton aile,
Et puis, ta ritournelle
Ressemble à nos soupirs !

Mais, chante, ô mon grillon,
Chante, c'est bien ton heure,
J'aime, dans ma demeure,
Ton triste carillon.

Nocturne visiteur
Du foyer solitaire,
Ami du prolétaire,
Effroi du grand seigneur,

Dis-moi, que chantes-tu,
Quand, pour moi, l'espérance
Fait place à la souffrance,
Dans mon sein abattu ?

Quand chaque jour, hélas !
Je vais — douleur profonde, —
Dans les sentiers du monde,
Et plus sombre et plus las !

Lorsque dans le tombeau
J'ai vu mes sœurs pieuses

Descendre plus heureuses,
Comme un séjour plus beau?

Va, chante, ô mon grillon,
Chante, c'est encor l'heure,
J'aime dans ma demeure
Ton triste carillon!

Tu n'as pas nos amours,
Pâles tiges fanées,
Sitôt mortes que nées,
Et tu chantes toujours.

Tu laisses, ô grillon,
Les belles fleurs écloses,
L'abeille avide aux roses,
Le lis au papillon.

Et quand je me maudis,
Maintenant, à toute heure,
Mon pauvre cœur qui pleure
Chante un *De profundis*.

Plus sage, ou plus heureux
Toi, tu bénis, peut-être,
Celui qui t'a fait naître
Et qui créa les cieux.

Si, pour cueillir les fleurs,
Notre sort se ressemble,
Grillons, gardons ensemble
Toi, tes chants — moi, mes pleurs !

Ces vers parlent plus haut que ma voix et ils suffiront sans doute à faire obtenir à M. Léon Gontier le titre qu'il sollicite de membre correspondant de la Société littéraire.

A la suite de ce rapport qu'on a daigné applaudir, M. Léon Gontier a été reçu membre correspondant à l'unanimité.

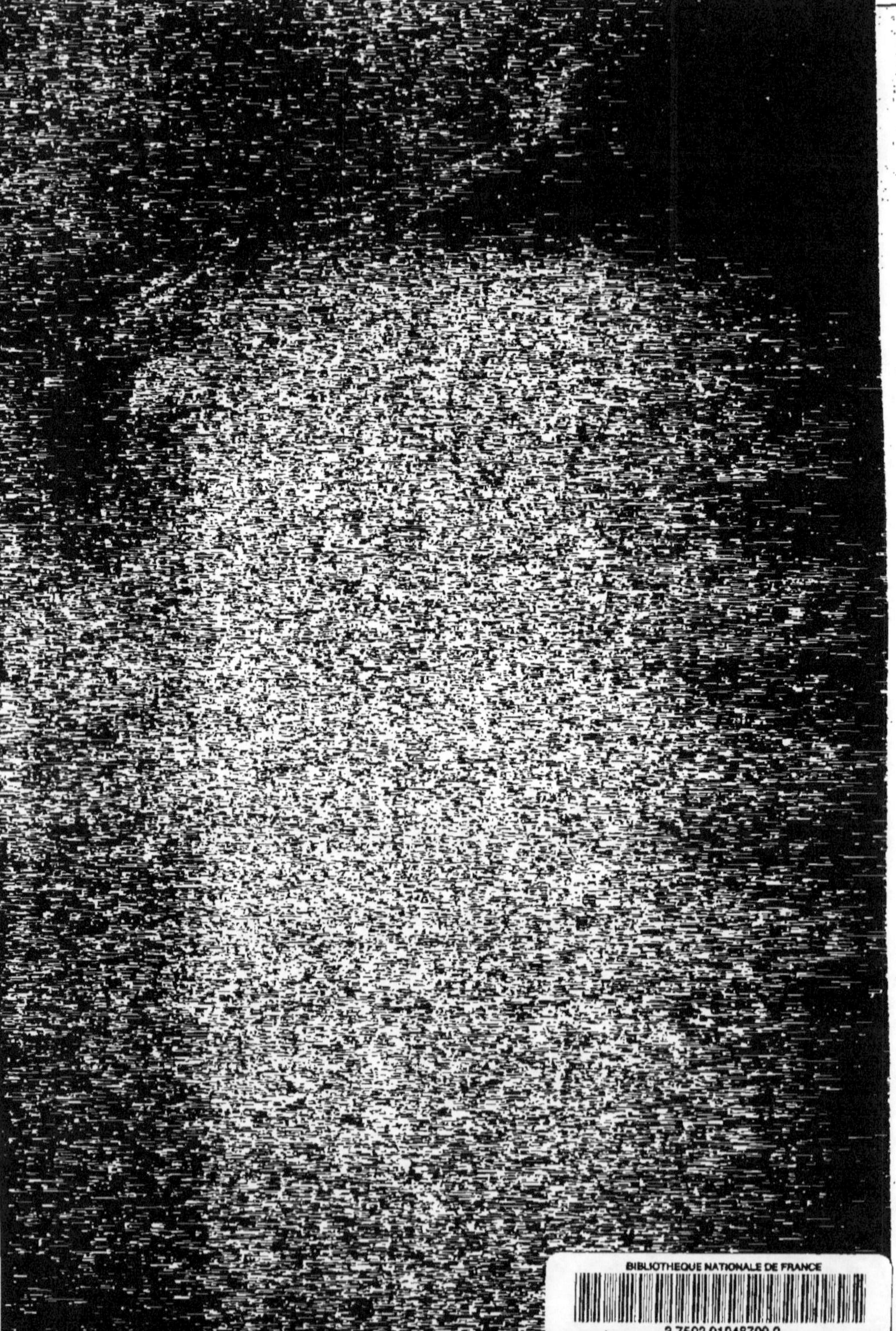

BIBLIOTHEQUE NATIONALE DE FRANCE

3 7502 01048709 0

www.ingramcontent.com/pod-product-compliance
Lightning Source LLC
Chambersburg PA
CBHW051216050726
47594CB00007B/3246